KLÉBER OLIVEIRA

Preces de um Sertanejo

Direção Editorial: Pe. Fábio Evaristo Resende Silva, C.Ss.R.
Coordenação Editorial: Ana Lúcia de Castro Leite
Copidesque: Ana Lúcia de Castro Leite
Revisão: Luana Galvão
Capa e Diagramação: Rafael Domiciano
Fotos: Rodolfo Magalhães

ISBN 978-85-369-0406-1

1ª impressão

Todos os direitos reservados à **EDITORA SANTUÁRIO** – 2016

Composição, CTcP, impressão e acabamento:
Editora Santuário – Rua Pe. Claro Monteiro, 342
12570-000 – Aparecida-SP – Tel. (12) 3104-2000

Agradecimentos

Agradeço primeiramente a Deus, nosso criador, o dom da vida e também o dom da comunicação.

Agradeço a Nossa Senhora Aparecida, pois foi ela quem me apontou para Jesus, e, por meio desse amor de mãe, eu conheci também o amor do filho, que é amigo, companheiro e sempre presente em nossas vidas.

Agradeço à Rede Aparecida de Comunicação que confiou em meu trabalho e me deixou à frente do programa *Terra da Padroeira*, no qual estou já há dez anos.

Muito obrigado a todas as pessoas que apoiaram esse projeto; agradeço principalmente a meu amigo-irmão Pedro Campos, que se dedicou bastante para me ajudar nesse projeto tão bonito.

Agradeço ao Espírito Santo, pois em todas as orações eu fiz a minha reflexão e pedi a ele que estivesse comigo em todas as orações deste livro.

Agradeço a todos os meus fãs, espalhados por este Brasil, pois foi inspirado neles que me surgiu a ideia de escrever as vivências de um homem sertanejo. Na abertura do programa *Terra da Padroeira*, no momento em que tenho minha conversa com Nossa Senhora, o Brasil para também para ouvir e fazer suas orações. Baseado nisso, escrevi este livro para que todos possam ter em casa um pouquinho desse momento de reflexão e de amor ao nosso criador.

Agradeço também à Editora Santuário, que confiou em meu trabalho e me deu a oportunidade de colocar neste livro a simplicidade do homem sertanejo e mostrar a fé que todo homem sertanejo tem, além do respeito por nosso criador, por Nossa Senhora Aparecida e por nosso Senhor Jesus.

Enfim, agradeço a você que neste momento está fazendo esta leitura, que você possa sentir o mesmo que eu senti durante o momento em que escrevi este livro, "a presença de Deus e do Espírito Santo"

Muito obrigado.

Kléber Oliveira

Sumário

Ouve meu clamor 10

Venha, Espírito Santo 11

Conduza meus passos, Senhor 13

Oração de um roceiro 14

Castíssimo São José, rogo tua presença 17

O peso da minha cruz 18

Pedido de um filho 20

De coração aberto 21

Nas pequenas atitudes encontramos a felicidade 22

São Miguel arcanjo, cubra-nos com seu escudo 24

Pão e Vinho, Alimentos para minha alma 25

Os caminhos de Cristo 26

Prece de um filho angustiado 29

O amor mais puro 30

Quero louvá-lo, ó Cristo 32

Preciso de seu perdão 34

A verdadeira Palavra 46

Nossos sacerdotes 48

Maria, luz da evangelização 51

Sagrada Família 52

Restaure-me, Senho 55

Ajudar seu irmão 56

Criação perfeita de Deus 59

Prece de um peão 61

Venha, Espírito de Deus 62

Divino Amor de Pai e Filho 64

Fonte de água viva 66

Maria, amor de Mãe 69

A pesca milagrosa 70

Apresentação do Pe. Antonio Maria

Eu estava lendo, pela internet, uma homilia do Papa Francisco a respeito da palavra de Jesus em Lucas 11,52: "Ai de vós, doutores da lei! que tomastes a chave da ciência e vós mesmos não entrastes e impedistes aos que vinham para entrar". Fui interrompido por alguém que me pedia a chave da capelinha que fica ao lado da casinha onde moro. Achei uma coincidência interessante: O papa falando de chave e alguém me pedindo uma chave. Não pode ser coincidência. É deusdência.

Não demorou muito e vi que havia uma nova mensagem na caixa de entrada do meu computador. Kléber Oliveira me perguntava se eu poderia escrever o prefácio de seu livro "Preces de um sertanejo". Veio-me logo o pensamento: Um livro de oração é uma chave também. Pode abrir corações. Mais uma deusdência maravilhosa!

Meu sim foi imediato. É uma honra! Gosto muito desse moço! Admiro seu jeito de colocar a serviço de Deus, e dos irmãos, os dons que recebeu do Criador. Li o livro e gostei muito. Nele Kléber nos dá a oportunidade de "um minutinho de prosa" com o Senhor, como ele mesmo diz em uma de suas preces.

Papa Francisco, com a homilia da qual falei no início destas linhas, torna-se um aliado meu neste prefácio. Segundo ele, Jesus quer nos falar, hoje também, que não devemos ser cristãos com a chave na mão, nem levar a chave embora, sem abrir a porta. Pior ainda, ficar parado na porta impedindo a própria entrada e a de outros.

Kléber não ficou com a chave na mão nem a levou embora. Com seu livro

"Preces de um sertanejo", está abrindo portas. Papa Francisco afirma, na homilia já citada, que "a doença dos cristãos ideológicos é grave. É uma doença que não é nova... Já o apóstolo João, em sua primeira carta, falava disso, dos cristãos que perderam a fé e preferem as ideologias. E tornam-se rígidos, moralistas e sem bondade". O papa lembra ainda que "quando isso acontece, a oração desaparece do coração desse cristão. E se não há oração, a porta está sempre fechada. A chave que abre a porta da fé é a oração".

Neste seu livro Kléber não é nada ideológico. É chaveiro.

Kléber, meu irmãozinho, você já disse, várias vezes, que minha pobre figura lembra a você São Pedro... Só se for pela barba... Nem chaves eu carrego comigo, meu amigo! Mas, olhe: agora eu quero parecer com São Pedro sim, levando chaves comigo: suas preces de homem sertanejo. Quero propagar seu livro. Rezo para que muitos possam encontrar nele, como eu, uma chave poderosa que, abrindo portas, deixe entrar Deus, Maria Santíssima, São José, os irmãos e as irmãs.

Obrigado, Kléber, por rezar aqui do jeito que Jesus gosta:

"Em vossas orações, não multipliqueis as palavras, como fazem os pagãos que julgam que serão ouvidos à força de palavras" (Mt 6,7).

Obrigado por suas preces simples, tão verdadeiras, tão sertanejas. Assino embaixo de todas elas. Só me resta assinar embaixo do que disse o Papa Francisco a respeito da oração:

"Falar com Jesus é melhor que novela e fofoca".

Ouve meu clamor

Senhor meu Pai,
ouve minha prece.
Eu te suplico, meu Senhor,
não te escondas de meu clamor.
Eis aqui o teu servo,
tomado pela angústia,
pela ansiedade.
Pai, meu coração
se contorce de dor.
E somente em ti
eu encontro refúgio.
Debaixo de tuas asas
quero me esconder, meu Pai,
para que cuides de mim,
para que me abraces,
para que me confortes.
Meu querido Pai,
sinto-me tomado
pelo desespero.
A vontade de estar
em tua presença
cresce a cada momento.
Ó Senhor do Universo,
tem piedade de mim,
afasta do meu coração
toda angústia e toda dor,
pois eu sei que somente
em tua presença, ó meu Pai,
o fogo do Espírito Santo
queimará tudo o que de ruim
existe em minha alma.
Que seja feita a tua vontade,
Senhor!
Amém!

Castíssimo São José, rogo tua presença

Ó castíssimo São José!
Como pai de família que sou,
recorro a ti neste momento.
Tu, que foste proclamado
o patrono da família,
dá-me força, ó pai adotivo de Jesus.
Neste mundo moderno,
está cada vez mais difícil manter a família unida.
Por isso, rogo tua presença entre nós!
Meu querido, São José,
peço-te que faças de mim um homem justo,
temente aos mandamentos de nosso criador.
Ó querido São José,
que eu não me iluda
com as falsas promessas do inimigo.
E que minha fidelidade
seja meu escudo
para as tentações do mundo.
Ó castíssimo São José,
ajuda-me a ter paciência e muita sabedoria
na criação de meus filhos.
E que meu trabalho
seja abençoado,
para que santifique o pão de cada dia,
que colocarei na mesa de minha família.
E que eu possa ver em minha esposa
o exemplo de Maria.
Estejas sempre comigo,
ó meu amado São José!
Amém!

O peso da minha cruz

Meu Senhor, Bom Jesus do Livramento,
sinto-me renovado todas as vezes
que falo com o Senhor.
Obrigado por aliviar o peso de minha cruz.
Agradeço-lhe libertar-me
de todos os meus pecados.
Obrigado, Bom Jesus,
por não me julgar
e fazer de mim um homem diferente.
Arrastando minha cruz até seu santuário,
O Senhor deu-me uma página em branco,
para que eu reescrevesse minha história
de dentro de sua igreja.
Purificou-me a alma,
para que eu compreendesse
a grandeza de seu amor.
Diante do Senhor,
eu entrego meu corpo e minha alma,
para que faça de mim
um instrumento de sua palavra.
Senhor Bom Jesus do Livramento,
tenha piedade de mim!

Pedido de um filho

Ó Maria Santíssima!
Não se esqueça deste seu filho devoto.
Ajoelhado a seus pés,
peço-lhe perdão pelos atos que pratiquei
e que não foram de seu agrado.
Perdoe-me, Senhora das Dores,
os momentos em que
me esqueci de seu santo nome.
Com o coração chagado,
transpassado por uma lança,
cheio de dor,
recorro a seus braços santos.
Quero deitar-me no mesmo colo

que acolheu o Nosso Redentor Jesus Cristo.
Embora indigno de almejar tal graça,
suplico sua compaixão,
Senhora Imaculada!
Mãe das mães,
acalente-me em seu seio,
pois, sem a Senhora,
sinto-me como uma criança órfã.
Seu afago piedoso me trará paz
e devolverá a vontade de viver.
Obrigado, Santa Mãe de Deus,
por tanto amor e carinho!
Amém!

De coração aberto

O dia está indo embora,
e, na boca da noite,
os pensamentos quebram
o silêncio de meu ser.
Com o coração inquieto,
inicio esta prece a meu criador.
Senhor,
hoje eu tentei viver conforme sua palavra.
Observei seus ensinamentos
e os coloquei em prática.
Abri meu coração
para o verdadeiro testemunho de fé
e recusei os prazeres momentâneos.
Inclinei-me para receber sua bênção,
e evitei ver com os olhos do coração
o que não lhe agrada.
Observei sua justiça
e acreditei em sua salvação.
Mesmo tendo praticado
o que é bom a seus olhos,
meu Pai,
pode ser que eu ainda tenha lhe faltado.
Acreditando em sua infinita bondade,
eu vos imploro,
Senhor, tenha piedade de mim!
Amém.

Vista do bairro Samambaia, em Cunha-SP, raízes de Kléber Oliveira

Nas pequenas atitudes encontramos a felicidade

Jesus Cristo, meu Senhor e meu Pastor,
equivocadamente, procurei-o nas coisas grandes.
Tentei encontrá-lo entre ouro e prata,
mas não, não o encontrei.
Procurei-o nos grandes palácios,
e outra vez bati com o rosto na porta.
Procurei-o no luxo e na riqueza,
e minha busca foi em vão.
Até que um dia ouvi sua voz a me dizer:
"Estás me buscando em lugares onde não estou.
Deverás encontrar-me
em tudo o que é simples e pequeno".
E, quando eu estava desistindo
de minha procura, eis que o vejo.
Vejo-o ali, tão perto, tão próximo, tão simples.
Onde?
No sorriso de uma criança,
na esperança dos pobres,
naqueles irmãos que caídos o Senhor os ergueu
dando-lhes a vitória.
Eu vi sua face, Senhor,
no irmão que estendeu a mão,
quando eu mais precisei de ajuda.
Obrigado, Senhor Jesus,
por mostrar-me onde é sua verdadeira morada!
Amém.

São Miguel Arcanjo, cubra-nos com seu escudo

São Miguel Arcanjo,
encontro-me envolto em
uma grande batalha.
Aprendi desde criança
a pedir sua intercessão.
Ó Príncipe das Milícias Celestes,
tramaram contra mim.
Tentaram fazer com que meus pés
tropeçassem em uma pedra,
por isso peço, ó São Miguel Arcanjo,
que interceda a meu favor,
junto a Deus, nosso Pai.

Pise na cabeça do inimigo,
não permita que o mal
venha sobre mim.
Nosso Senhor deu-lhe a ordem para cuidar
de todos os filhos dele.
Venha, São Miguel Arcanjo,
e acampe ao meu redor.
Dê-me forças para lutar contra a serpente.
São Miguel Arcanjo,
defenda-nos no combate!
E cubra-nos com seu escudo!
Amém!

Pão e Vinho
Alimentos para minha alma

Cristo, meu amigo, meu irmão mais velho!
Grandes são suas obras e seus feitos.
Eu me torno mais íntimo do Senhor
por meio da comunhão, Pão e Vinho.
Torne viva e permanente
sua presença em minha alma.
O Senhor mesmo nos diz:
"Quem come minha carne
e bebe meu sangue,
vive em mim, e Eu, nele".
Obrigado, Jesus, por este presente
de amor que nos deixou:
"A Eucaristia"!
O Sacramento de seu Corpo e Sangue
alimenta minha alma e fortalece meu ser.
Todos nós que comemos do mesmo pão,
formamos um só corpo.
Já dizia Paulo, o Apóstolo,
a Eucaristia é o sinal
de sua presença entre nós, ó Jesus.
Jesus eucarístico,
livre-nos cada vez mais
das insídias de Satanás!
Amém!

Estrutura original do telhado da casa onde Kléber Oliveira foi criado.

Os caminhos de Cristo

Nesta página, divido com vocês,
caríssimos leitores,
uma história que eu ouvi
há algum tempo
e nunca esqueci.
Jesus e seus discípulos
caminhavam sob o sol
escaldante do deserto.
Pedro andava a passos largos,
por isso estava bem à frente
de Jesus e dos outros.
O silêncio do deserto, de repente,
foi rompido pelos gritos de Pedro:
"Jesus! Jesus! Dê a volta!"
Mas Cristo continuava caminhando
naquela mesma direção.
Pedro, então, gritou ainda mais forte:
"Jesus, não venha por aqui! Saia por lá!"
E apontava com o dedo indicador o caminho
por onde Cristo deveria passar.
Porém, Jesus e os discípulos
continuaram a percorrer
o mesmo caminho.
Ao se aproximar de Pedro,
Jesus o indagou:
"Que gritaria é essa?"
Pedro, um pouco desconcertado, respondeu:
"Meu Senhor, é que tem
um cadáver de um cão,
já está em estado de decomposição
e o cheiro não está nada agradável!"
Jesus olhou para Pedro, sorriu e disse:
"Pois é, Pedro, mas repare como são bonitos
os dentes deste cachorro!"
O que eu aprendi com essa história?
Bom, aprendi que não importam
quais sejam os nossos pecados,
Jesus consegue ver algo bom
até mesmo onde não existe.
E nunca é tarde para que lavemos,
com o Sangue de Cristo,
tudo o que apodrece nossa fé!

Prece de um filho angustiado

Sempre fui um homem forte,
passei por provação,
por tempestades,
sobrevivi a todas elas.
E a cada tormenta, minha fé se fortalecia.
Porém, o que vivo agora
está me deixando, talvez, enfraquecido.
É que o mar se agita ainda mais forte,
meu barco tão pequeno
parece não suportar
o quebrar violento das ondas.
O que me traz aqui, a sua casa,
Ó Maria Santíssima,
é essa dor, que vai remoendo meu peito.
Ao sair de casa,
eu deixei minha mãezinha em fase terminal,
em cima do leito de dor.
E aqui, chorando, ajoelhado a seus pés,
Ó Senhora Aparecida,

eu suplico que ouça minha prece.
Sou roceiro, matuto e sertanejo,
não sei usar palavras bonitas,
mas, em minha simplicidade,
eu lhe peço, ó Senhora do Amor,
visite minha mãezinha,
leve com a Senhora
seu filho, Jesus Cristo.
Peça para Ele tirar toda a dor,
curar minha mãezinha
dessa doença que a consome.
Ouça a prece deste seu devoto,
ó Mãe!
Que a Senhora seja a enfermeira,
e Jesus, o médico celeste.
Eu confio na Senhora!
E que seja feita a vontade de
Deus Pai Todo-Poderoso!
Amém!

O amor mais puro

Cristo, hoje parei para pensar
em seu ato de amor.
Sofreu tanta perseguição,
foi humilhado,
chagado,
cuspido e crucificado.
Se não bastasse tamanha barbárie,
enquanto percorria
seu longo caminho para o calvário,
carregando sua pesadíssima cruz,
ainda lhe fizeram
e lhe botaram uma coroa de espinhos.
Derramou seu sangue por todos nós.
Doou sua vida pela humanidade.
Um amor tão sincero, tão puro,
e verdadeiro.

E, sabendo que sentiríamos
sede de seu amor,
fez-se presente no Pão e no Vinho.
O Pão é seu Corpo,
que foi entregue por nós.
O Vinho, seu Sangue,
que lavou nossos pecados
e nos deu vida.
Isso sim é amor.
Amor incondicional,
amor paciente,
amor de entrega,
amor simples,
amor sem limites,
amor sem defeitos.
Isso é o amor de Cristo!

Chaveiro de Nossa Senhora Aparecida, que acompanha Kléber Oliveira em todos os shows e programas.

Quero louvá-lo, ó Cristo

Cristo, preciso lhe falar.
Tome-me em seus braços.
Deite-me em seu colo,
pois me sinto como uma criança
que chora, querendo afago.
Está escuro, não vejo nada,
e o medo toma conta de mim.
Deixe-me sua luz.
Mostre-me sua luz,
para que ela possa clarear
o caminho de minha vida.
Meu coração está triste, calado, gelado,
e meu corpo treme de frio.
Dê-me seu amor, ó Senhor,
que queima como sarça ardente,
para que eu me aqueça em seu calor.
O caminho é cheio de pedras,
é longo e com muitas bifurcações.
Aumente minha fé, ó Cristo,
para que eu possa prosseguir
confiante no Senhor.
Estou com fome,
e um vazio toma conta de minha alma.
Ofereça-me seu corpo,
que é o pão da vida!
Minha boca está seca, tenho sede.
Mostre-me a fonte que jorra para a vida eterna!
Dê-me o que lhe peço, ó Jesus,
para que eu cresça em sua presença
e para que eu possa louvá-lo todos os dias!

Preciso de seu perdão

Ó meu Deus, meu Pai,
Criador do céu e da terra,
encontro-me com vergonha do Senhor.
E vou explicar por que, Senhor.
Esse sentimento está aqui, em meu coração.
Mesmo sabendo
que seu tempo é diferente do meu,
eu fico impaciente.
E, a todo momento,
fico lhe cobrando
e lembrando-o de meus pedidos
e de minhas necessidades.

Mesmo sabendo
que quer o melhor para mim,
queixo-me, quando o Senhor me corrige
e me coloca de volta ao seu caminho.
Mesmo sabendo
que me espera em sua casa,
eu pego outra estrada
e sigo um caminho
que me desvia do Senhor.
E, quando chega o final do dia,
eu sei que o Senhor e
spera por uma prece minha,

uma oração de agradecimento.
Mas o cansaço e a rebeldia
fazem com que eu o deixe esperando outra vez.
Mas mesmo assim
o Senhor permanece comigo,
vigiando meu sono
e preparando um novo dia.
A oração que seu Filho
nos ensinou diz assim:
"Seja feita a vossa vontade,
assim na terra como no céu!"
Mas, quando o Senhor faz o que é certo,

eu, como um bebê chorão,
começo a reclamar
e a blasfemar contra o Senhor.
Sim, meu Senhor, por todos esses motivos,
eu estou envergonhado.
E mesmo com todas as minhas faltas,
eu tenho certeza
de que o Senhor irá me perdoar
e nunca desistirá de mim.
Porque seu amor é grande, é infinito,
como a água que jorra da fonte.
Amém!

Casa localizada no bairro Samambaia, em Cunha-SP, local onde Kléber Oliveira foi criado.

Quadro "Os três pescadores", relíquia da família de Kléber Oliveira.

Terço que acompanha Kléber Oliveira em todos os shows e programas.

A verdadeira Palavra

Em um dia terrível, de grande tormenta,
tomado pelo desespero e angústia,
fui buscar forças na palavra do Senhor.
Fechei os olhos
e pedi para que Deus falasse comigo.
Uma leve brisa soprou através da janela
e, com os olhos ainda fechados,
fui folheando a Bíblia,
até sentir em meu coração
que deveria parar.
Quando abri os olhos,
meu coração encheu-se do amor de Cristo,
pois esta foi a passagem que visualizei:
"Vinde a mim todos os que estão cansados
e sobrecarregados
e Eu vos aliviarei.
Tomai sobre vós meu julgo e aprendei de mim,
porque sou manso e humilde de coração.
E achareis descanso para vossa alma,
porque meu jugo é suave
e meu fardo é leve" *(Mateus 11,28-30)*.
Entre lágrimas agradeci ao Senhor Jesus.
E, naquele momento,
entreguei-me de corpo e alma
a suas palavras.
E aprendi, por meio da leitura,
que feliz é o homem
que encontra na palavra de Deus
o discernimento para sua vida.
Amém!

Nossos sacerdotes

Criei-me na zona rural.
Um lugar muito simples,
em um sítio pequeno.
Apesar da simplicidade,
éramos felizes, pois fomos criados
dentro das normas da Igreja Católica.
E, aos domingos,
era festa, era como um dia santo.
Mamãe passava com o ferro a brasa
minha roupinha de missa.
Uma roupa já toda desbotada, toda surrada.
Porém, era a melhorzinha que eu tinha no armário.
Nós a chamávamos carinhosamente de "roupa de missa".
Mamãe dizia:
"Kléber, vá pegar sua roupinha de missa pra eu passar!"
Que dia feliz! Que dia gostoso!
Era o dia do Senhor.
Íamos para a Igreja,
todos a cavalo.
O padre, às vezes, chegava a pé,
outras vezes de bicicleta.
Até de carona, às vezes, ele ia com alguém,
mas não perdia o dia da missa.
Todos os domingos lá estava o nosso padre,
feliz, alegre e cheio de bênçãos,
para celebrar a Santa Missa.

E tenho em minha mente
a voz da minha mãezinha, dizendo:
"Filho, vai pedir bênção ao padre, beije as mãos de
pois ele é o representante de Cristo lá no altar,
por isso é um homem santo".
Desde menino, sempre admirei esses santos homen
que deixam tudo, deixam pai e mãe,
deixam os irmãos,
para seguir os caminhos de Cristo.
São homens que abrem mão de seus sonhos,
para total entrega ao amor.
Portanto, Senhor,
quero lhe fazer uma prece:
Santifique cada vez mais
todos os sacerdotes,
para que possam cumprir sua missão evangelizador
Não deixe, ó Senhor,
Que o inimigo os desvie
dessa vocação tão sublime.
Hão de arrebanhar seu povo
e juntar seus devotos, em sua casa.
E, que nós, leigos,
possamos encontrar em cada religioso
o rosto humano de Cristo.
Viva os nossos Sacerdotes!
Amém!

Altar da igrejinha onde Kléber Oliveira e sua família rezavam o Santo Terço.

Maria, luz da evangelização

Maria, mãe de Deus,
com meus pensamentos
voltados para a Senhora,
reflito sobre a missão que Deus lhe deu
de conduzir os cristãos aqui na terra.
Ainda tão jovem,
praticamente uma criança,
deixou seus sonhos e planos para trás
e abraçou com fé
os desígnios de nosso criador.
Maria, quanta luta, quantas dores,
quanto sofrimento nesta caminhada.
Mas perseverou,
foi a mãe da vitória.
Virgem Maria, sua fé, sua fidelidade
e suas verdades são admiráveis.
Maria de Nazaré,
que teve graça aos olhos do nosso Criador
e desempenhou, com fervor,
a missão de caminhar
ao lado de Cristo,
na história da salvação.
Imaculada Conceição,
a santidade na mulher,
luz da evangelização,
Mãe Rainha,
Ave, cheia de graça,
"se Deus é convosco,
quem será contra vós?"
Amém!

Sagrada Família

Pai, nossa sociedade está descrente
e dilacerada pelo pecado.
Ouso colocar-me em seu lugar, ó Pai,
e meu coração se entristece,
especialmente ao analisar o futuro
e a conduta de nossa juventude.
Crimes bárbaros, tantos roubos,
assaltos, sequestros.
Sem falar da perdição das drogas.
Ah, meu Pai, ensine-nos a olhar
para a família de Nazaré.
Que possamos copiar o exemplo, ó Pai,
da Sagrada Família!
Que minha família
seja unida, fiel e sempre ande em seus caminhos
e siga seus ensinamentos.
Que minha esposa
seja um céu de ternura, de amor,
e que seja docemente submissa ao Senhor,
como Maria foi a José.

Quanto a mim, ó Pai,
que eu possa observar os exemplos de José,
esposo fiel, trabalhador, homem justo.
E, assim como José,
que eu esteja sempre pronto
para ouvir sua voz
e cumpri-la sem demora, meu Pai!
Que nossos filhos,
frutos de nosso sacramento,
sejam iguais a Jesus,
sempre observando
o quarto mandamento de sua Lei.
Talvez dessa forma,
observando tudo isso que eu disse
e pedi ao Senhor,
possamos criar uma sociedade melhor.
Com homens e mulheres
mais tementes a seus mandamentos.
"Jesus, Maria e José,
a nossa família vossa é!"

Esculturas do jardim da velha casa de Kléber Oliveira.

Restaure-me, Senhor

Nesta prece, quero falar de seu amor, ó Pai,
e também de sua facilidade em perdoar
e nos dar uma vida nova.
Senhor, estou muito arrependido;
arrependido de todos os meus pecados.
Ainda sou bem pequeno,
sou como grão de areia, Senhor. Tropeço
e, por mais que eu lute
contra o espinho em minha carne,
às vezes me deixo ser enganado
pelas trapaças do inimigo.
O que me traz aqui, ó Pai,
é esse peso em minhas costas,
e quero, Senhor, aliviar minha alma
por meio da confissão.

Peço perdão, meu Pai,
porque pequei contra o Senhor.
Estou confessando minha culpa,
para que o Senhor me purifique e renove meu ser.
E com a nova vida que o Senhor me dará,
prometo-lhe converter-me
e buscar sempre sua presença.
Agradeço ao Senhor
o dom do arrependimento,
pois esse sentimento me leva à confissão.
Confissão de todas as minhas transgressões,
e sua misericórdia me conduz à vida eterna.
Obrigado, meu Senhor, por sua piedade
e por tanta bondade.
Amém.

Ajudar seu irmão

Ó Jesus,
percebo que sou outro homem,
após me enriquecer com seus ensinamentos.
Seu Corpo e seu Sangue renovam,
fortalecem minha fé e me dão nova vida.
Senhor, eu rezo e ando no caminho certo
para que nosso Pai celestial
me veja como bendito entre suas ovelhas.
Por isso, eu quero servir ao Senhor, ó Jesus,
e já aprendi que o Senhor está em meus irmãos.
Então, faça-me ver com os olhos do coração
tudo que é santo e divino.
Ajude-me a ser solidário nas atitudes;
quero oferecer ao próximo

o pão, quando tiver fome,
e a água, quando tiver sede;
visitá-lo, quando doente,
e não julgá-lo pelos erros
ou fraquezas espirituais.
Pois o Senhor mesmo
nos mostra seus principais ensinamentos:
"Amarás o Senhor teu Deus, de todo o teu coraç
de toda a tua alma e de todo o teu entendimen
E amarás o próximo como a ti mesmo".
Que eu possa ouvi-lo, Senhor Jesus,
e colocar em prática suas palavras e ensinamen
Que assim seja,
amém.

Criação perfeita de Deus

Meu Senhor,
te caipira, que vive debaixo desse velho chapéu,
quer exaltar com palavras simples sua criação.
Meu Pai,
lhe grato por todas as suas obras, meu Senhor,
especialmente pela natureza,
que é linda, pura e tão cheia de vida.
Debaixo desse velho chapéu, ó Pai,
eu também contemplo meu sertão,
tão forte, tão puro e também tão cheio de vida.
ejo que casamento perfeito existe entre os dois,
a natureza e o sertão,
sublimes criações do Senhor.
mo se não bastasse tamanha formosura dessa união,
meu Senhor, com toda a sabedoria,
pendurou a lua bem lá no alto.
E, debaixo desse velho chapéu,
todas as noites eu vejo a lua nascendo,
lá por detrás das matas,

e sua luz divina
vai clareando todo o meu sertão.
E, quando a lua se vai,
meu Senhor traz a aurora
e com ela os raios avermelhados do sol,
que também vai nascendo lá no monte.
E os eternos enamorados, a natureza e o sertão
entrelaçam-se ainda mais,
para que todos os seres vivos
tenham mais um dia perfeito,
debaixo do olhar do Senhor,
que com muita alegria contempla toda a sua criação.
Obrigado, meu Pai.
Obrigado, meu Senhor,
por permitir que eu veja
e sinta esse amor tão verdadeiro,
esse amor perfeito
que o Senhor tem por suas criaturas.
Amém.

Prece de um peão

Ó querida Padroeira,
Madrinha dos peões de boiadeiros!
Que se abram as porteiras do infinito,
ó Mãe Aparecida,
para que sua luz chegue
a essa arena de rodeio.
São apenas oito segundos,
e eu peço para que a Senhora
segure em minhas mãos,
durante minha viagem
em cima desse animal bruto.
Esta é minha profissão, ó mãe Aparecida,
é a maneira como eu ganho meu sustento,
tentando dominar o animal pagão,
durante os oito segundos
de empreitada perigosa.
Peço, ó Mãe Aparecida,
que abençoe meus braços e pernas,
para que não me faltem forças,
quando eu estiver no lombo deste redomão.
Eu sei, ó mãe,
essa é uma profissão repleta de perigos,
mas este seu filho conta com sua proteção.
E, para que eu não me esqueça da Senhora,
guardo com muito amor e muita fé
sua imagem dentro de meu chapéu.
E, se por desventura, ó Mãe Aparecida,
eu for derrotado por esse animal,
peço que a Senhora ampare minha queda
com seu manto azul sagrado.
Nas esporeadas da vida,
a Senhora sempre será minha guarida,
ó Mãe querida, Nossa Senhora Aparecida.
Amém.

Venha, Espírito de Deus

Venha, Espírito de Deus,
venha ao meu encontro,
venha e encha-me do amor de Deus,
venha me guiar,
assim como guiou Jesus
na grande obra da salvação.
Venha, Espírito de Deus,
e transforme meu dia de hoje.
Venha, Espírito de Deus,
desça sobre mim
com todo o seu poder e sua força.
Venha, Espírito de Deus,
quebre essas correntes
que me amarram ao pecado.

Venha, Espírito de Deus,
e liberte-me desse emaranhado de teia,
que eu mesmo criei ao longo de minha vida.
Venha, Espírito de Deus,
e seja alimento para minha fé.
Venha, Espírito de Deus,
e derrame sobre mim
todo o amor do Pai e do Filho.
Venha, Espírito de Deus,
e inspire-me a fidelidade para ser seu templo,
para que você possa habitar em meu coração.
Venha, Espírito de Deus,
venha e não demore.
Amém.

Divino Amor de Pai e Filho

Ó meu Pai,
que amor pode ser maior do que o seu!
Ofereceu seu Filho amado,
para tamanha flagelação e humilhação,
e seu preciosíssimo sangue foi derramado por nós.
O sangue de seu Filho inocente
foi o preço pago por nossos pecados.
Pai e Filho,
criatura e criador doando-se
em um ato de amor tão profundo.
E, mesmo assim, nós continuamos com nossos atos
a feri-los e entristecê-los.
Com nossa língua afiada
proferimos maldades contra nosso irmão,
como se fosse a lança, ferindo o corpo de Jesus.
Quando não perdoamos é mais um espinho
que colocamos na coroa de Cristo.
Quando, com nossos atos,
prejudicamos nosso próximo
mais um cravo transpassa
as mãos do nosso Senhor.
Quando damos tanto valor
aos prazeres terrenos,
acrescentamos quilos
à já pesadíssima cruz de Cristo,
e ainda assim
Pai e Filho se reconciliam
com a humanidade todos os dias.
Por isso rogo-lhes, Pai e Filho,
que eu seja digno desse amor
puro e sublime, celestial e divino,
amém.

Kléber Oliveira e seu filho José Kléber.

Fonte de água viva

Jesus Cristo, minha luz,
minha salvação,
ensine-me a ter um coração
humilde como o seu.
Ensine-me a ter paciência
com aqueles que me tiram a calma.
Ensine-me a ver com os olhos do coração
todos os sinais de seu infinito amor.
Ensine-me, Jesus,

a dar testemunho de sua infinita bondade.
Ensine-me, Jesus, a ser como João Batista
que preparou o caminho para sua chegada.
Ensine-me, ó Jesus,
a aceitar minha pequenez,
para que o menor de meus irmãos seja exaltado.
Ensine-me a beber da água viva de sua fonte,
para que eu não tenha mais sede.
Assim seja, meu Pai.

Maria, amor de Mãe

Nossa Senhora querida,
meu coração transborda por seu amor.
Rainha de minhas preces,
encontrei graças em seus olhos misericordiosos.
Envolva-me em seu santo manto, ó mãe piedosa.
Ofereço uma rosa como prova de minha fidelidade,
por seu infinito amor de mãe.
Não sou ninguém sem seu santo amor,
ó minha doce mãe.
Que se abram as portas do céu
e venham suas infinitas bênçãos sobre mim,
ó mãe querida.
Maria mulher,
Maria dos anjos,
Maria das dores,
Maria do amor,
Maria de José,
Maria, mãe de nosso senhor,
seguro em suas mãos caridosas,
ó mãe,
para continuar esta minha caminhada.
Amém.

A pesca milagrosa

Água, fonte da Vida,
é pura e cristalina c
omo o amor de nosso Criador.
Nas escrituras, várias vezes,
é citada e santificada.
O próprio Cristo usa
desse precioso líquido para nos ensinar
que ele é a fonte da água viva.
E como são belas e perfeitas
as obras do nosso criador.
E nós, devotos da Padroeira do Brasil,
temos o privilégio de conhecer
de perto um local santo e abençoado.
Estou falando do porto Itaguaçu, em Aparecida,
onde três pescadores, em 1717,
pescaram nas águas do Rio Paraíba a imagem
de Nossa Senhora da Conceição Aparecida.
E, desde a pesca santa,
são visíveis as bênçãos de Maria
na vida daqueles que são simples de coração.
Mesmo os pescadores já desanimados
com a falta de peixes prosperaram em seu trabalho,
após terem pedido a intercessão da Mãe de Jesu
Ó Senhora Aparecida,
faça de mim um instrumento de seu amor.
Realize em mim a pesca milagrosa,
para que eu seja pescado em sua rede, ó mãe,
e resgatado junto a seu manto santo,
pois nas águas da vida, calmas ou turbulentas,
eu quero navegar com a Senhora,
a seu lado, em seu barco.
Amém.

e minha devoção.
Agradeço a família, os amigos,
meu trabalho lá na roça,
minha plantação,
meu arrozal lá no banhado.
Sabe, Mãe,
eu levo uma vida
bem simples lá no campo,
mas minha felicidade é grande!
É grande, porque, todos os dias,
a esposa, eu e os filhos
rezamos o terço,
contemplando o amor da Senhora.
Não repare minha pressa, Mãe,
eu preciso voltar lá pra roça,
Pra cuidar do gado e da plantação.
Porém, meu retorno aqui
será o mais breve possível,
porque eu não sei viver longe de seu amor.
Sua bênção, Mãe Aparecida!
Eu já estou partindo.
Amém.

Conduza meus passos, Senhor

Rei do Universo,
Senhor do mundo.
Não sou nada
além de pó e cinza.
Porém, meu coração
guarda com ternura
suas Palavras e seus Preceitos.
Andarei sempre a sua Sombra, ó Pai,
para que eu tenha dias duradouros.
Entregar-me-ei a sua misericórdia
e a sua verdade, Senhor.
E no Senhor
eu confiarei de todo o coração.
Conduza meus passos
por todos os caminhos,
para que meus pés não tropecem
e eu não caia nas ciladas do inimigo.
Honrarei seu Santo Nome, meu Senhor,
e não desprezarei sua correção.
E, no momento da provação,
não temerei,
porque ao Senhor clamarei,
e virá em meu favor.
Amém!

Oração de um roceiro

Ó Minha Nossa Senhora Aparecida!
Deixei minha velha tapera,
no sertão bem distante daqui.
Caminhei longos dias
para cumprir minha promessa
e fazer de perto minha oração.
Com o coração tomado pela fé
e trazendo no corpo
o cansaço desta viagem,
venho lhe agradecer,
ó Mãe querida,
a graça recebida.
Agora que estou aqui,
bem pertinho da Senhora,
olhando para seus santos olhos,
sinto minha pele arrepiar.
Uma lágrima escorre em meu rosto.
Minha voz, embargada
e cortada pela emoção,
quase não sai.
Venho lhe oferecer minha vida,
venho lhe oferecer tudo que sou

Venha, Espírito Santo

Ó Pai Celestial,
este sertanejo lhe pede licença
para um minutinho
de prosa com o Senhor.
Mais uma vez a aurora
vem quebrando
o silêncio do amanhecer.
O cantar das aves
e a revoada dos pássaros
anunciam o início
de um novo dia.
Aqui, do meu leito,
deste quarto simples,
de uma casinha abandonada
aqui na roça,
quero fazer-lhe um pedido,
meu Pai.

Permita-me viver com alegria
esta data, Senhor.
Não deixe que o medo do amanhã
roube de mim
momentos especiais.
Que neste dia
eu saiba dizer não
para tudo que não provém do Senhor.
Faça com que meus olhos
vejam em cada irmão
o rosto compassivo
de seu Filho Jesus Cristo.
Pai, que neste dia
meu coração se encha
do poder do Espírito Santo,
para que eu possa louvá-lo sempre.
Amém!